님께

「사랑한다는 것은」 제4시집을
선물로 드립니다.
우리 함께하는 세상!
날마다 미소꽃 피우시고
행복하십시오.

芸瑟 이정희 시인 드림

사랑한다는 것은

이정희 제4시집

| 자서 |

제4시집을 상재하며

제4시집도 오월에 내는군요.
3시집도 오월에 냈는데 세월이 왜 이리도 빠른지요.
2025년 5월은 내 생에 더욱 잊지 못할 날이 될 것 같아요.

내 가슴에 신록이 물들어 더욱 짙어지는 걸 느낍니다.
시를 쓰며 살아 간다는 게 이렇게도 위로와 편안함을 줍니다.

살다 보면 외로운 날 궂은 날도 있으련만,
詩가 나를 다독이며 감싸주니 노년의 삶도
개울물이 강으로 흐르듯 순탄했습니다.

대표님과 인연을 맺은지도, 어느듯 13년이란 세월이 흘렀으니
세월여류가 실감이 납니다.
앞으로 나 사는 날까지 계속 시를 쓸 수 있을까?
자문하지만 초심을 잃지 말아야겠지요.

제4시집 준비하시느라 밤낮으로 열정을 다하신 이은별 대표님께 깊은 감사를 올립니다.
이 기쁨을 가족들과 푸른문학 문우님들과 기꺼이 함께 나누고 싶습니다.

저에게 달란트를 주신 주님께 큰 감사 올리며
2025년 5월은 내 평생에 가장 찬란하고
더욱더 짙푸른 가슴 벅찬 감동이 언제까지 식을 줄 모르리…

2025년 연둣빛 5월에

이 정 희 드림

1부 詩는 노래가 되어

강변의 숲에서	14
어느새 오월을 보내며	15
한탄강 물윗길에서	16
진달래꽃 피면	17
바람이 달콤해요	18
詩는 노래가 되어	20
다음에	21
비 내리는 축령산	22
경의선 숲길에서	23
선녀폭포에서	24
한 번 주어진 삶	25
구월 예찬	26
가을비 추적추적 내리면	27
청계산 어둠골에서	28
시월 愛	29

2부 여생지락 餘生之樂

가을이 깊어가면   32
남이섬에서   33
여생지락餘生之樂   34
늦가을엔   36
여년의 뜰   37
만추의 문경새재   38
천천히 가도 늦지 않으리   39
우울할 때는   40
인연이란   41
12월을 보내며   42
남은 세월이 얼마나 된다고   43
너무나 짧은 여행   44
매화꽃 흩어지면   45
벚꽃 지는 날에   46
세월은 강처럼 흐른다   47

3부 갯벌의 연인

산책 길에	50
장태산 메타세쿼이아	52
갯벌의 연인	53
푸른문학 30호 축시	54
쉼표 없는 세월	55
달맞이꽃 · 2	56
한강은 내 고향	57
내 마음의 노래	58
형제간에 우애	59
그때가 그립다	60
꽃 보다 고운 단풍처럼	61
순천만 갈대숲에서	62
이 가을에 · 3	64
2월은	65
수타사 계곡의 만추	66

4부 사랑한다는 것은

소녀의 기도	70
아끼지 마세요	71
초겨울에	72
初心	73
사랑한다는 것은	74
꽃이 피는 날에는	76
봄꽃들을 보니	78
벚꽃 그늘에서	79
양재천 벚꽃길에서	80
화담숲에 가면	82
찔레꽃 · 2	83
초록 잎새들 짙어가면	84
가을을 기다리지만	85
신설동 그 집	86

5부 동백섬을 거닐며

애타는 가을에	90
삶은 영원하지 않기에	92
동백섬을 거닐며	94
가을이 속삭이네	95
가끔은 · 2	96
아마도	97
연둣빛 사랑	98
화양연화花樣年華	99
이토록 찬연한 봄을	100
김민기 님을 추모하며	101
오늘이 있기에	102
초겨울 청계산	103
이 가을에는	104
또다시 가을이	105

6부 꽃보다 더 아름다운

낙엽들의 속삭임 … 108
달맞이꽃 · 3 … 109
한강은 늘 곁에서 … 110
시어머님의 사랑 … 111
사랑할 시간이 많지 않다 … 112
묘비명 · 2 … 113
푸른문학 9주년을 축하하며 … 114
죽도의 향기 … 115
언젠가는 … 116
꽃비가 내리면 … 118
일상의 행복 … 119
봄비 … 120
세월 … 121
꽃보다 더 아름다운 … 122

악보 없는 노래가 되어
내 가슴에 오롯이 서려있네

詩 는 노래가 되어 •••

강변의 숲에서

해 질 녘 강가에 윤슬은
오색으로 반짝거리고
포풀라 나무 숲에 잎새들은
강바람에 서걱거리며
쏴아 쏴아 사운거린다
큰 나무 그늘에 기대어
자연의 합창 소리가
귓전에 오롯이 스며드니

잠시지만 무아경에 빠져
풀향기에 심호흡할 때
이 시간이 그지없이 상큼하다
여기에 음률을 더하니
절로 스르르 눈이 감기네
詩心이 번득이는 순간이어라.

어느새 오월을 보내며
- 청계산에서

아카시아꽃들은 시들어
하르르하르르
능선길에 하염없이 흩날린다
아직 찔레꽃 향기는 한창이다
신록은 눈부시게 청량한데
오월은 떠나려 하네

뻐꾸기 노래 청아하게 울리니
신록은 더욱 짙어지리
오월의 숲은 꽃향 보다 그윽하다
바람결에 꽃잎들은 마구 흩어지고

맘껏 누리지도 못한
야속한 세월이 하도 아쉬워
짙푸른 바다 같은 숲속에
계절의 여왕 오월이여
천천히 쉬었다 가시구려.

한탄강 물윗길에서

걸을 수 있는 한
볼거리가 있는 곳이라면
마다하지 않고 새벽길 달려간다

한탄강 물윗길을 걸으며
흔들흔들 아슬아슬해도
오묘한 자연의 경관
수억 년의 주상절리에
감탄하며 눈을 뗄 수 없으나
물윗길에선 조심조심
한탄강 계곡 물소리는
귀청을 때리는 듯
주상절리에 설경은 녹아내려
장엄한 설원은 볼 수 없으나

한탄강 수려한 협곡을 지나니
양지쪽엔 버들강아지가 보송보송
봄빛이 완연한 주상절리길에
계곡의 물소리조차 정겨운 듯
봄날은 성큼 가슴에 들어와 있었다.

진달래꽃 피면

나이 탓일까
요즘처럼 꽃이 그리워
진달래 피기를 기다린 적 있었나
온통 분홍빛으로 난무한
진달래 능선길을 상상하며
산 친구들은 설렘에 들떠있네

여년에 가고픈 곳 미루지 마세요
두 다리 성할 때 진달래 꽃길도
놓치면 서운하지요
이 길도 못 오를 때가 기어코 오려니

진달래꽃 흐드러진 날
핑크빛 물결에 휩싸인 날
진달래꽃인 양 발그레 물들어
잠시라도 소싯적으로 돌아가
오늘은 남은 생애 가장 젊은 날
친구여! 축복의 날
술잔을 높이 들이 건배하시게.

바람이 달콤해요

시한부 선고를 받은
말기암 환자가 미소를 지으며
'바람이 달콤해요'
다섯 달 지나면 이 세상에서
사라질 것이니
하루하루가 허망한 날들이나

바람조차도 달달하고
눈부신 햇살도 숙연하게 아름다워
그녀는 만나야 할 지인을 노트에 적어
하나하나 실천에 옮기고 싶다고

임종이 가까이 오니
세상이 살갑게 다가오더라고
뺨에 스치는 서느런 바람도
오솔길에 흔한 풀꽃 조차도
한여름 밤에 휘영청 보름달도
절친의 빙그레 웃는 모습도
귀에 익은 아름다운 음률도

보석처럼 빛을 발하는 순간들을
낱낱이 껴안고 싶은 날들이라고.

詩는 노래가 되어

그럭저럭 덧없는 세월에
詩가 있어 외롭지 않았네
꽃 피고 지는 봄날엔 아쉬우나
詩에 애타는 사랑이 넘쳤고
낙엽 지는 날엔 회한이 밀려와
詩로 다독여 주었네

골바람 스산히 시려오면
바람결에 스쳐가는 연민을
詩에 흩날려 보내고
눈발이 솜처럼 쌓이는 날엔
포근한 그리움이 하얀 눈밭에
詩想을 떠올렸네

지나간 시절 애환의 詩는
악보 없는 노래가 되어
내 가슴에 오롯이 서려있네.

다음에

다음에 봅시다
그러면서 늦추지 마세요

다음에 만나서
밥이나 먹읍시다
다음을 기약하지 마세요

벼르고 약속한 날에
그 사람은 이 세상에서
이미 떠났을지도 몰라요

왠지 쌓인 정이 끈끈해
속내를 주고픈 사람
서둘러서 기꺼이 만나세요

오늘이 생에 마지막 날처럼
원 없이 떠날 수 있게
후회 없는 삶을 살다 가요.

비 내리는 축령산

정상에 못 오르면 어떠리
빽빽이 들어찬 잣나무 숲길에
싱그런 향기 심신에 녹아드니
그동안 겪은 시름 날려버리네

축령산 피톤치드 그윽한 내음에
가파른 산도 힘든 줄 모르네
온갖 새들 지저귀니
청아한 노랫소리 즐겁고
소낙비가 주룩주룩 쏟아져도
시원스레 달가워라
진초록 빗물에 흠뻑 적시어
잡동사니 번뇌 모두 씻겨져라

우중 산행도 반기는 벗들이 있기에
이런 축복을 어디에서 구하리.

경의선 숲길에서

점점 밀려오는 찰나의 생
시시비비 옛일 가려내어
무엇이 궁금할 게 있으리
망각의 세월이 행복하나니
기쁜 일들만 기억하리

지금 오늘을 더욱 음미하리
경의선 숲길에 앉아서
두 여인의 덕담은
시간 가는 줄 모르는데
무심한 행인들 조차도
말을 건네고 싶은 오늘
사랑만 해도 모자랄 시간들
희미하게 종착역이 보이는 듯
망중한을 누리는 순간의 희열도
내일을 장담할 수 없으리.

선녀폭포에서

복더위 산행도 마다하지 않으니
비지 땀방울도 잠시 골바람에
가슴속까지 서늘해지네
선녀폭포 물소리 우렁차고
너른 평상에 여섯 여인들은
자리하고 누워서
무정한 세월도 잊은 듯
맑은 하늘에 짙푸른 잎새들
너울거리니 넋이 나간 듯
무아경에 스르르 눈을 감네

세상 부러울게 뭐 있으리
지난 일 생각하면 뭐하리
또 내일을 걱정하면 뭐하리
지금 오늘은 축복의 선물인걸

계곡에 물소리 청량하고
초목들 향기에 흠뻑 취하니
천국이 따로 있더냐
만고강산에 여기가 천국이네.

한 번 주어진 삶

어찌 살아갈 것인가?
세월은 급물살 타고 흐르는데
젊은 날엔 삶이 지루하고
답답하게 느껴졌는데
내 나이 들고 보니
세월이 언제 갔는지
금쪽같은 시간들은
무미건조하게 지나갔을 뿐

남은 생은 얼마나 될까?
아침에 새뜻한 바람결도
눈부신 햇살에 반짝이는
푸르디푸른 잎새들도
눈여겨 감사하며 바라보리

조석으로 느끼는 가을 향기에
들꽃 길을 한없이 걸어보리
지금 살아 있기에 누리는
사소한 내 일상들을
애지중지하며 심혈을 기울이리
오늘은 두 번 다시 오지 않기에…

구월 예찬

아직은 가을이 초입이고
여름의 끝자락은 짙푸르다
조석으로 부는 바람은 서늘하나
한낮에 햇볕은 뜨거운 듯

하루를 천년처럼 살아야겠다
가로수 숲은 아직도 무성하니
서늘한 능선길을 걸으며
구월의 노래를 부르자

잎새들 갈빛에 물들기 전에
오색 홍엽들이 쏟아지면
어느새 겨울이 오려니
구월의 가을 님과 함께
발이 부르트게 거닐자
구절초 향기 가득한 들녘을…

가을비 추적추적 내리면

가을비 내리는 창가에 앉아
빗방울 후드득 흘러내리면
커피 한 모금 마시며
쇼팽 협주곡 1번을 듣는다

지난 여정은 만감이 교차해
주마등처럼 스쳐가나
그날의 회한들이 가슴에 스며와
반추를 거듭한다 해도
얼마나 다행스러운가

포근한 소파에 기대어
가을비 속에 쇼팽의 음률 따라
내 영혼은 훨훨 자유로워진다.

청계산 어둠골에서

산 어귀에 들어서니
서늘한 기운이 감돌고
풀벌레 소리 가득 차게 울린다
갈잎들은 어수선하게 떨어져서
산길을 덮으려 하고
계곡 언저리에는 어김없이
물봉선화가 무리 지어 새뜻하다

가을 들꽃들은 언제 봐도
봄꽃 하곤 다르게 함초롬하다
구월에 산 향기는 여름 숲과는 다른
차분한 마음을 갖게 한다
어둠골 숲 내음을 달콤하게 마시며
쟁쟁한 풀벌레들 소리에 귀 기울이며
이 가을 살아있음에 노래하나!
쉼표 없는 세월은 속절없이 흐르네

시월 愛

시월은
하루하루가 애틋하다
눈부신 가을볕도
청잣빛 하늘에 뭉게구름도
옷깃을 스치는 건들바람도

들녘에서 산길에서
짙어가는 추색에
바스락대는 오솔길에
만추를 아낌없이 누리자

만산홍엽이 붉게 물들어
우수수 쏟아져 흩날리면
체념한 듯 홍엽을 닮아가리

열정을 다해 불꽃처럼 타올라
하릴없이 떨어지는 오색 낙엽들
차곡차곡 쌓여가는 능선길에
스산한 풍광을 오롯이 보듬으리

봄날의 연둣빛 눈부심도
여름날의 짙은 신록의 물결
만추의 타오르는 만산의 홍엽들
겨울날 순백의 포근한 설산

여생지락 餘生之樂 ● ● ● 2부

가을이 깊어가면

소슬바람 가슴에 스며들어
갈잎이 우수수 흩어지는
산자락에 앉으면
옆에 절친이 있어도
할 말을 잊게 되네

낙엽들이 바스락대며
은밀하게 속삭입니다
'괜한 욕심 다 버려라
지금 이 순간에 감사하라'

봄꽃에 비할 수 없는
애가 타는 시월의 서정을
낱낱이 맘껏 품으라고 하네
오늘은 다시 돌아오지 않기에…

남이섬에서

언제 와봐도 여기는
사계절이 늘 풍요롭다
오늘 가을빛도 스산하지 않다

촘촘한 메타세쿼이아길에
낙엽이 쌓이며 흩날린다
청설모가 분주하게 다니며
잣송이를 까먹고 있다
몇 번을 거닐어도 정다운 길
가을 정취를 만끽하며
유유자적 꿈길 같아라

남이섬 솔향기에 젖어
북한강 물길 따라 걸으니
하늘도 물빛도 온통 푸르러
'눈이 부시게 푸르른 날은'
어느 시인의 시구가 떠오르나
아쉬움만 남기고 돌아서니
내년을 어이 기약하리오.

여생지락 餘生之樂

영원할 수 없는 생애
어찌 사는 게 최고의 생을
후회 없이 살다 갈 것인가

뜬구름처럼 사라질 생의 여정
그것만 생각하기로 하자

무작정 앞만 보고 가지 말고
옆에 아름다운 풍광도
눈여겨 즐기면서 가리라

봄날의 연둣빛 눈부심도
여름날의 짙은 신록의 물결
만추의 타오르는 만산의 홍엽들
겨울날 순백의 포근한 설산도
놓치지 말고 원 없이 즐기리

두 발로 걸을 수 있을 때까지
한가로이 여행을 떠나리

오늘 매 순간 최선을 다해
일상 속에 소소한 기쁨을 누리리

뜻이 맞는 지인들과 교분을 나누며
여생을 보낸다면 금상첨화리라.

늦가을엔

그리운 사람이 있다면
사무치게 그리워하세요
간절히 보고픈 벗이 있으면
서둘러서 만나요

낙엽들이 쌓이는 오솔길에서
여년의 삶을 솔직하게
아낌없이 찬사를 보내요

가을 해는 짧아서 안타까워요
청청하게 드높은 하늘도
부시게 우러러보며
불꽃처럼 타는 단풍에 취해
애타는 마음 다독이리

잎새들이 하염없이 떨어져
앙상한 나목으로 처연하나
꿋꿋하게 월동 준비하는
의연한 거목을 닮으리.

여년의 뜰

갈잎들이 산들바람에
우수수 마구 흩어진다
하염없이 바라보는
이 순간이 더없이 애틋하다

능선길에 앉아서
시름없는 낙엽 따라
나도 흩어져 내린다

스산히 쌓여가는 낙엽들
산세는 그지없이 적막해
가슴을 파고드는
부스럭거리는 낙엽 소리
여년의 뜰에 내 마음 같아라.

만추의 문경새재

단풍은 거의 졌으나
호젓한 길이 더욱 좋구나
하염없이 걷는 문경새재 길
사색에 잠기는 이 길이
더없이 고요하니
계곡 물소리 정겹고
바스락대는 낙엽에 심취하네

과거 길을 터벅터벅 걷는
옛 선비들의 마음은 어땠을까?

그들을 헤아리며
늦가을 새재길에 푹 빠져드나
사철 중에 어느 것도 놓치기 싫어
상상의 봄빛도 맘껏 그려보네!

천천히 가도 늦지 않으리

천국이든 극락이든
그곳이 아무리 좋다 한들
여기 이승에서 되도록
오래 머물러주오

급할게 뭐 있겠소
제발 벗님들이여
자고 깨면 빈번한 부고장
아려오는 가슴 어찌 하리오

꽃잎들 흐드러지고 나니
오월의 신록은 눈부시게 찬연한데
시간을 멈추고 싶은 날들이여

이토록 고혹적인 계절에
하루라도 더 머물다 가시게
피안의 언덕 쉬엄쉬엄 가도
늦지 않으리.

우울할 때는

낙엽 길을 마냥 걸어요
바스락 소리 들으며
향기에 매료되어
정신없이 걷다 보면
외로움도 사라져요

낙엽 속을 헤매다 보면
자기 몫을 다하고
미련 없이 흩어지는
낙엽을 닮아가지요

우리도 언제인가는
바스러져 버리는 낙엽처럼
한 줌의 흙이 되리니
인생 최고의 순간은
낙엽의 향연 속에
오늘 '지금' 이라고…

인연이란

멀리 있어도 그대 정겨운 음성
바람결에 또렷이 들을 수 있고
그대 아픔이 찾아왔을 때
저절로 그 속마음 헤아리니

꽃길을 서성거릴 때면
함께 누리고 싶은 게
곱다랗게 피어난 인연이리

이 세상 다 하는 날에도
끝내는 함께 가고픈
애달프고 미더운 인연이리

이승에서 못다 한 사연들
만약 다음 생이 있다면
소싯적으로 다시 돌아가
한도 끝도 없는 인연의 강
천상에서 기꺼이 만나리.

12월을 보내며

어차피 애타는 12월
미련 없이 날려 보내자

달음질치는 시간에
만나야 할 사람 만나고
가고픈데 있으면 서두르자
째깍째깍 치닫는 소리에
다잡은 심성 어이하리

눈꽃이라도 내리면
발길 가는 대로 서성이리
솜털 같은 눈을 맞으며
매정한 12월을 보내리

나목에 은빛 설경 반기니
춘설에 막 피어난 연둣빛 새순을
아른아른 꿈꾸듯 그려보리.

남은 세월이 얼마나 된다고

누군가를 연모하며 살아갈 날도
남은 시간이 많지 않은데
누구를 원망한들 시간만 허비하리
삭막한 세상 꽃바람 맞으며
눈부신 해맑은 하늘도 몇 번이나
우러러볼 수 있을는지 모르는데

내 형제도 미더운 친구도
남은 세월에 정답던 시간들은
기억 속에 소중히 저장하리
날 찾아주는 이가 많을수록
흐뭇해 돈독한 인연을 쌓으리

이런저런 생각에 골몰하다
강변을 걸으며 음악을 듣는 일
초록빛 물결에 산길을 오르내리며
일상에 순간순간을 음미하리
하찮은 여린 풀꽃의 떨림도

덧없는 세월, 급물살을 타는데…

너무나 짧은 여행

삶은 기차 여행이다
언젠가는 종착역에 닿으리
지나온 길 돌이켜 보면
봄날이 내게도 있었던가
어영부영 어떻게 지났는지
참으로 아까운 시간들이
이리도 허망하게 가버릴 줄이야

종착역으로 치닫고 있는 지금
창밖으로 보이는 경관이라도
눈에 담고 가슴에 품으리
눈부신 잎새들의 반짝거림도
주홍빛 따스한 노을에 기대어
때로는 들꽃 향기에 취해가며

어느덧 종착역에 이르러
뉘가 슬며시 물어 온다면
살만한 세상이었다고 말하리.

매화꽃 흩어지면

매화꽃 향기에 취해서
흐드러진 꽃길을 거니나
그것도 잠시
하르르 꽃잎들 흩날리니
봄날이 서둘러 가려하네

섬진강변을 거닐며
매화꽃 향기 가슴에 담고 싶지만
강물에 하얀 꽃잎들 흘러가니
안타까운 봄날은
무정하게 사라지더라
매화의 '고결한 마음' 이련가.

벚꽃 지는 날에

하르르 만개한 벚꽃이
눈송이처럼 흩날린다
와…!
소녀들의 탄성이 울려 퍼진다
하얀 꽃잎 흐드러진 길을
재잘거리며 걷는다
그녀들은 봄날이 가는
애틋함을 모르는 듯하다

벚꽃길에 난무하는
꽃잎들을 밟으며
해종일 거닐어도 모자란다
눈부시게 쏟아지는 하얀 꽃잎들은
황홀한 극치를 이루는데
우리 생의 종말은 어떠한가?

세월은 강처럼 흐른다

이리도 세월이 빠른 줄
예전엔 미처 몰랐네
봄날이 왔는가 하면
어느새 매정하게 떠나고
흐드러져 내리는 꽃길은
허탈한 내 모습인 듯

연둣빛 초목들은
눈부시게 한들거리며
새잎들은 잔치가 한창이나
짙어감에 세월을 재촉하리

유난히 음악에 심취함도
강처럼 흐르는 세월에
애타는 마음은 집착 뿐이리
봄비에 싱그러운 산야는
처절하게 아름다우나
이 또한 세월에 휩쓸려가리.

축복이 내린 듯 맞잡은 손
영원한 사랑을 맹세하리
이 평온한 무의도에서...

갯벌의 연인

산책 길에

묵묵히 걷는 게 세상 편하다
한가히 혼자라서 더 좋다

산책 길에 나무들이
이름도 모르는 풀꽃들이
눈 맞추고 살랑이며 반긴다

매일 같은 숲길을 걸어도
늘 새롭게 다가온다

쉬고 싶을 때 털썩 주저앉아
도도히 흐르는 강물을 보며
맘속에 찌든 때 훨훨 날아가리

초저녁 강바람 유혹에
고수부지로 선뜻 나선다
어둠이 내리면 꽃별들 잔치에
아스라한 설렘이 스며들고
풀벌레들 은은한 코러스는
밤새워 들어도 매혹적이다

평온한 안식을 주는 산책
더없이 사랑하리
무심한 세월 속에…

장태산 메타세쿼이아

파란 하늘로 쭉쭉 뻗은
메타세쿼이아 숲길
보슬보슬 연둣빛 잎새들
보고 있노라면
눈이 맑아지는 듯
가슴에 묵은 찌꺼기를
훑어 내리는 듯

두서없이 피는 봄꽃들은
감히 따를 수 없는
신선하고 아름다운 고고한 자태
우아하게 빛을 발하는
봄날의 메타세쿼이아

여릿한 연둣빛 잎새들은
하르르 쏟아지는 듯
시간을 멈추고픈 날들
아, 지금도 눈에 선한 메타세쿼이아 길!
잔인한 4월은 덧없이 가고 있는데…

갯벌의 연인

저들은 어떤 마음일까?
육지인 듯 바다인 듯
드넓게 펼쳐진 잿빛 갯벌에
살방살방 맨발로 걸으며

온갖 잡생각 떨쳐버리고
오직 지금 이 순간만 생각하리
저 멀리 수평선을 바라보며
소중히 간직했던 서약도 하리

시간이 멈춰버린 듯
고요하고 평화로운 갯벌
축복이 내린 듯 맞잡은 손
영원한 사랑을 맹세하리
이 평온한 무의도에서…

푸른문학 30호 축시

푸르른 오월에 푸른문학이여!
푸른문학과 늘 동행하니
내 마음은 늙을 줄 모르고
늘 푸르러서 좋아라
늙을 사이도 없이
詩 밭을 거닐며
詩 동산을 오르며
詩心을 강물에 흘려보내니
내 마음속 궂은일은
머물 시간이 없어라

푸른문학이여!
나와 함께 늘 손 잡고
내 감성이 소멸할 때까지
같이 가자꾸나
푸른문학의 숲은 늘 푸르러
낙엽 지는 날 없으리.

쉼표 없는 세월

세월아
앞만 보고 그냥 내달리면
숨도 가쁠 텐데

산마루에 뭉게구름처럼
쉬엄쉬엄 해님과
도란도란 얘기하며
가도 늦지 않을 텐데

저녁달이 떠오르면
달님 손잡고
소곤소곤 하소연해도
죄다 들어줄 텐데

세월아, 무엇이 급해서
줄행랑을 치느냐
쉼표 찍고 세월아 네월아 해도
늦지 않으리
노을빛에 곱다랗게 물들어
서서히 가렴.

달맞이꽃 · 2

한여름 땡볕에
지치기도 하련만
어스름해 넘어갈 때면
달맞이꽃은 오히려 생생해
노랗게 분단장한 모습
단내음이 폴폴나네

한낮에 뭇 사내들 시선은
아랑곳하지 않으나
풀벌레들 소곤대는 초저녁엔
달님이 환히 미소 지으니
고혹적인 달맞이꽃
새벽녘 어슴푸레 동터오면
달님이 매정히 사라질까
일편단심 애만 태우네.

한강은 내 고향

물안개 자욱이 피어오르면
지난 일들이 새록새록 살아나
쪽빛노을 강가에 드리우면
어느새 겸손해지며 숙연함을

허기사 참담한 슬픔이
느닷없이 닥쳤을 때도
유유히 흐르는 강물은
피폐한 나를 달래주었으니

지난 50년을 다독이며 보낸 세월
한강은 익히 알고 있으리
그간 희로애락의 여정을

정겨운 고향길 가듯 한강 둔치 꽃길에
조근조근 살갑게 반기는 듯
어떤 말을 해도 다 들어줄 것 같은
넉넉한 한강은 언제든 오라하네.

내 마음의 노래

4월의 노래를 부르기엔
무상하게 보낸 세월이 덧없기만 하구나
누군가는 잔인한 달이라 했지만

소담스런 하얀 목련꽃 어느새 지고
노란 개나리 하르르 흩어져도
길모퉁이 숨어서 피어난 앙증맞은 민들레
눈에 보이는 모든 것들이 생동하니
4월의 속삭임이 아니런가

강바람에 꽃잎이 날리고
새순들이 아우성치며 나오는 소리
연초록 생명들이 물결치면
그것이 바로 내 마음속에
4월의 푸른 노래인 것을…

형제간에 우애

자매들이 모처럼 만나
오순도순 시간 가는 줄 모르네
어릴 땐 생각 못했던 일들이
지금은 척하면 삼천리

네 마음 내가 알고
내 마음 네가 아니
하루 종일 이야기꽃에
해가 지는 줄 모르네

맛있는 거 있으면
나누어서 먹이고파 안달하고
이 애틋함을 어찌 다 표현하리
자매들 이외의 돈독한 우애
세상 어디에서 찾으리오
이제 나이 들고 보니
형제 밖에 없더라.

그때가 그립다

사진에서나 볼 수 있는
저 산우님들
성취감에 방긋이 웃고 있는
저 미더운 얼굴들
어디서 해후하리
나 이 세상 떠나는 날에
기꺼이 만날 수 있겠지

만나거든 애써 말하리
학수고대했음을
아니 어찌 말로 다하리
아마 말은 미처 못 하고
화양연화 그때를 그리며
지나온 여정 아득히 잊은 채
꽉 잡은 두 손 놓치지 않으리.

꽃 보다 고운 단풍처럼

갖가지 들국이 피었는가 하면
가을은 떠날 준비를 하네
언제부터인가
가을은 아름답기보다는
애틋함이 더하다
이 가을은 그저 낙엽 속에
묻혀서 짧은 해를 보내리
낙엽처럼 붉게 타버려져
해탈한 마음으로 지내리
홍엽처럼 발그스레 물들어
꽃보다 더 고운 단풍을 닮으리
가을 시 사랑에 흠뻑 빠져서
세월이 어찌 가는지 모르리
스산한 만추는 애써 잊어버리리라!

순천만 갈대숲에서

국가 정원에 가을꽃들은
눈부시도록 청아한 날씨에
조촐하니 아름답기는 해도
봄꽃 하곤 사뭇 다르게
갖가지 국화꽃 향기에 매료되나
오늘에 백미는 따로 있었네

석양이 뉘엿뉘엿 질 무렵
순천만 갈대숲에 들어서니
끝이 까마득한 광활한 숲은
황금물결이 잔잔한 듯했지만

한줄기 건들마에 갈대숲은
일사불란하게 일렁거리며
마치 금빛 비단 물결이
춤을 추는 듯 사르르 부서진다

내가 애태우던 가을이
바로 여기 있었네

아쉬움에 발길이 안 떨어지나
여전히 갈대숲은 쏴아 쏴아~~
탄식하는 듯 가을이 깊어가네.

이 가을에 · 3

곳곳마다 바스락거리는
낙엽 향기에 취하며
소슬바람 온몸에 보듬고
강변에서 해넘이를 볼 때
주마등처럼 스쳐 지나간 삶에
절절한 기억이 회한에 젖어 드나!

이 가을 마음먹기에 따라서
어디든 훨훨 떠날 수 있기에
만추의 적막함도 시심을 자극하니
내 자유로운 영혼에 날개를 달아
무한한 축복을 내려 주시니
늘 주님 손 부여잡고 동행하리.

2월은

2월은 가장 짧은 달이라
야속하지만
나뭇가지에 새싹들이 움트고
언 땅을 뚫고 새순이 아우성치는
3월이 성큼 다가서니
시린 가슴도 훈훈해진다

젤 먼저 피는 노란 산수유꽃
포슬포슬 부풀어 살랑거리면
달콤한 향이 코끝을 간지럽히니
절로 미소를 짓게 하네
산수유 꽃향기에 매료되어
마음도 한결 어려지는 듯

3월의 꽃망울들을 상상하며
흐드러지게 핀 꽃동산을 그리며
봄내음이 솔솔 스르르 눈을 감네
2월이여 잽싸게 떠나가라.

수타사 계곡의 만추

낙엽길 오묘한 향기에
누구든 시인처럼 읊조린다

잎새들이 스산해 날리며
산길에 흩어지면
황홀하지만 비애감에
만감이 교차한다

낙엽이 스치며 속삭이네
무엇이 두려운가?
누구나 한 번은 가야 할 길
괜한 걱정 버리고
늦가을 정취를 맘껏 노래하세

홍엽들이 꽃비 내리듯
흩어지며 귀엣말하네
지금 이 순간 만큼은
선홍빛의 요염함이
극치를 이루니 여한이 없다고

눈부시게 아름다운 날
수타사의 갈잎들을 닮아
흔적 없이 정갈하게 부서지리
이 세상 다하는 날에는…

사랑은,
내 나이 드는 모습조차
어여삐 여길 줄 아는 사람!

사랑한다는 것은 4부

소녀의 기도

이 곡을 처음 듣던 날
음악 선생님 연주에 홀리고
구슬이 구르는 듯
애절한 기도의 음률에 빠져
서둘러 피아노를 배우기 시작해
소녀의 꿈을 키웠으리라

지금도 이 곡을 치면
그때의 추억이 새록새록
선명하게 떠오르네
한 소절씩 천천히 터치하며
설레던 시간들이

요즘엔 이 곡을 치면서
황혼의 기도라 할까
사는 날까지 아프지 말고
자는 듯이 가게 하소서
이 세상 하직하는 날
원 없이 떠나게 하소서.

아끼지 마세요

이젠 망설일 시간이 없어요
하고픈 말 마음껏 하세요
사랑한다 친구야
네가 옆에 있어 행복하다
무슨 말이든 허심탄회하게
덕담을 아끼지 마세요
내일은 장담할 수 없으니까요

홀연히 세상 떠난 뒤에
이럴걸 저럴걸
후회한들 뭔 소용 있나요
친구는 생에 미련 없이
뒤도 안 돌아보고
도도히 사라졌는데

남은 자들이 망자에게
사무치는 그 이름 불러봐야
허공 속에 흩어질 뿐
망자는 대답이 없으니…

초겨울에

산자락마다 갈잎들은 수북이 쌓여서
발길마다 바스락거린다
들국들은 말라서 시들어 버리고
산새들은 어디에 숨었는지
스산히 바람소리만 처연할 뿐
산세는 그지없이 적막하다

계절의 으뜸 춘삼월은
괜스레 설레는 마음을
다독거리게 한다
하늘하늘 연둣빛 새순들이
온 산야를 뒤덮을 때
봄맞이 새들은 지지배배 노래할 때
온통 혼을 빼앗아간들 어떠리

아직 솜털 같은 첫눈이 내리고
매서운 폭설이 내려 얼기도 하고
한 해가 저무는 애틋함을 겪으련만
때 아닌 연둣빛 환상을 그리다니
그 사랑은 뇌리에서 떠날 날 없으리.

初心

눈빛만 바라봐도
속마음 행여 들킬까
마주 볼 수 없던 날들

살랑대는 봄바람에
애잔한 그리움 설레고
짙푸른 잎새들 출렁일 때
내 마음 파도처럼 하얗게 부서지고

낙엽 흩어지는 날엔
공연히 마음 시려 와
길을 쏘다니며 아파했지
저녁 무렵 해넘이를 보면
밀려드는 까닭 모를 서러움
가슴 쿵쾅거리던 그 떨림
그 初心은 다 어디로 간 걸까
초심은…

사랑한다는 것은

사랑은,
그를 믿어 주는 것
조용히 바라보며
그의 깊은 속을 읽는 것

아름다운 음악을 들을 때
그의 마음도 저절로 아는 것
들꽃 향기처럼
청순하게 다가서고 싶은 것

낙엽 지는 날에 그리움 달래며
쓸쓸함도 함께하고픈 사람
눈발이 흩어지면 가장 먼저 달려가
하얀발자국 남기고 싶은 사람

'제야의 종소리 들려올 때
함께해 줘서 고마워'
그렇게 말하는 사람

사랑은,
내 나이 드는 모습조차
어여삐 여길 줄 아는 사람!

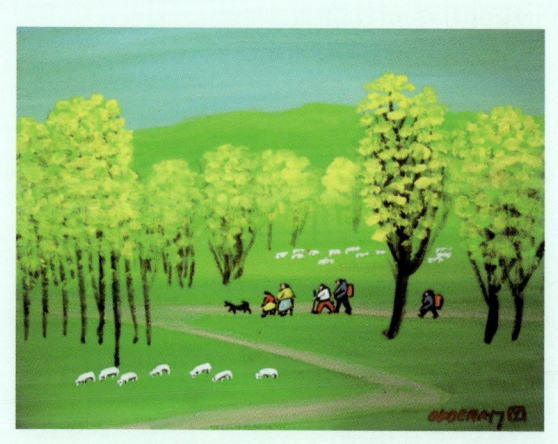

꽃이 피는 날에는

꽃의 왈츠를 두드리며
흥겹게 콧노래 부르리

꽃들이 봉긋하며
내게 인사하면
시상이 떠올라 화답하리
여릿해서 더 아름답구나

꽃들이 새벽이슬 머금고
수줍은 듯 반기면
민낯이 더 청초하구나
살며시 쓰다듬어 주리

꽃들이 흐드러진 날에
꽃길 속에 파묻히어
흘리는 꽃 무리들이 지천이니
이 봄을 어찌 보내리오

꽃이 지는 날에는
허허로운 마음
꽃샘바람에 흩날려 보내도
이 한 몸 기댈 곳이 없어라.

봄꽃들을 보니

왠지 설렘을 안겨주고
잠시동안 나이를 잊게 한다
형형색색의 꽃들은
저절로 나를 반기는 듯
꽃들마다 오묘한 향기에
세월도 잠깐 멈춰 버린 듯

꽃길 따라 서성거리면
아스라한 옛 추억들이
주마등처럼 스쳐간다
흐드러진 메밀꽃밭에서
가슴 콩닥거리며
한없이 걸었던 지난 날들
생각하면 뭐 하리

순서도 없이 다투어 피는
고혹적인 봄꽃들을 놓칠까 봐
해종일 걸어도 힘든 줄 모르리
찰나의 봄날은 매정하게
시나브로 흘러가리.

벚꽃 그늘에서

꽃잎들이 하염없이
하늘거리며 떨어진다

지나간 생에 아쉬움
반추하면 뭐 하리

봄이 오는 것도 가는 것도
모두가 찰나의 순간이리

내일은 아니 올 수도
벚꽃은 꽃비처럼 흩어지고
무아지경에 시간이 멈춘 듯
세월 가는 줄 모르리.

양재천 벚꽃길에서

꽃이 싫다는 사람 있을까
아득한 눈부신 벚꽃길엔
남녀노소 상기된 얼굴들이
철부지로 돌아간 듯
환희의 미소 지으며 술렁이네

가끔씩 꽃샘바람에
눈발처럼 흩어져 내린다
꽃이 지는 날엔 어느 시인은
울고 싶다 했지만

허나 오늘은 무슨 일인지
꽃잎이 흩어지는
고혹적인 이 순간은
눈을 뗄 수 없게 황홀하다

꽃이여 피어나라
흐드러져 땅에 흩날려도
하염없는 너의 모습은
아름다움의 극치를 이룬다

나도 그렇게 저버린다 해도
원도 한도 없으리
오늘만큼은 나 또한
연분홍 벚꽃에 물든
애틋한 설렘이었으니…

화담숲에 가면

노여웠던 일
서운했던 일도
모두 사그라진다 하네

쉬엄쉬엄 걷다 보면
무수한 꽃들이 반기고
노란 수선화 물결에
눈을 뗄 수 없으니
분통한 일은 서로 화담하고
이별을 예측했던 연인도

내려올 때는
진솔하게 화담하니
수선화 향기에 흠뻑 취해
연인들은 새롭게 다짐한 듯
꼭 잡은 두 손 놓치지 않으리.

찔레꽃 · 2

이른 봄에 마구 피고 지는
꽃들과는 다르게
오월이 되어야 에움길에
조촐하게 피어난 하얀 찔레꽃

화려함도 요염하지도 않지만
그 향기는 어느 꽃보다 그윽하네
찔레꽃의 꽃말은 곱다랗게
'신중한 사랑'
다소곳한 너를 닮고 싶어
찔레꽃 주위를 서성이네.

초록 잎새들 짙어가면

울타리마다 덩굴장미가
요염하게 눈짓하네
아카시아꽃들은
어느 사이 흐드러져
눈처럼 하얗게 쌓인다

연둣빛 잎새들은
더욱 짙게 향기를 뿜으며
오월은 중순으로
바쁘게 달음질친다

이 한 몸 오월의 짙푸름을
닮았으면 좋으련만
산야에 눈부신 초록 잎새들
출렁이는 물결 가슴에 품으려고
청계산역 한 귀퉁이에 앉아
애꿎은 시 한 수 읊조리네.

가을을 기다리지만

한강변 풀숲에 어스름하면
가을의 전령사
귀뚜라미 우는 소리가
또렷하게 들려온다

찜통 같은 폭염에 지쳐서
그리도 가을을 기다렸건만
막상 건들마에 뺨을 스치면
마음은 되레 심란해지리

해거름 들녘에서
낙엽 쌓여가는 만추의 산길에
센티해짐을 어찌 견디랴
차라리 여름아 더디 가려무나.

신설동 그 집

소싯적에 살았던
고향 같은 그리운 그 집
이 세상 다하기 전에
흔적이라도 찾고 싶었다

이미 예측하고 있었지만
고풍스러운 옛 모습은
털끝만큼도 찾을 수 없었고
높이 올라간 고층 빌딩들
그 앞에 개천은 예나 지금이나
변함없이 흐르고 있었다

아담한 한옥 기와집들이
끝없이 줄지어 있던 신설동
큰길엔 자동차가 없으니
아이들은 신바람이 나서
고무줄놀이 술래잡기 하던
집 앞마당이 큰 놀이터였지
청계천까지 이어지는 개천길은
소녀적 내 미더운 벗이었는데

그 시절 칠흑 같은 어둠이 내리면
찹쌀~떡! 메밀묵 사~려! 외치던
정겹고 아늑했던 밤길을 회상하며
개천으로 내려가 힘없이 걸었다
다시는 그곳에 가지 않으리.

한없이 밀려오는 푸른 파도
하얀 포말을 이루며 부서진다

동백섬을 거닐며 5부

애타는 가을에

황금 같은 날들
오색 잎새들이
눈부시게 황홀해도
어느새 낙엽이 될것을

더욱 애타는 이 가을
갈빛에 붉게 타는 곳곳마다
재촉하며 걸으리
가슴속까지 스며들게

이 가을엔 달콤한 슬픔이 깃들인
애잔한 녹턴 음률에 빠져서
하루가 저물도록 음미하리

가로수길에 갈잎들 흩어지면
처연하게 아름다운 날
보고 싶은 지인들과 해종일 걸으리

우수수 낙엽이 지듯
이 한 몸 스러진다 해도
회한은 없으리.

5부 동백섬을 거닐며

삶은 영원하지 않기에

어느새 종착역으로 치닫기에
오늘 이 순간이 소중하다
수평선에 까치놀도
눈부시게 황홀하다
언제 또 볼 수 있으려나

복사꽃 봉긋하게 물오르면
분홍빛에 녹아들고 싶어
내년에 또 볼 수 있을까

하늘거리는 코스모스 밭에서
애가 타게 서성거리는 것도
스산한 낙엽길을 정겹게
하염없이 걷는 것도
언젠가는 걸을 수 없기에

솜털 같은 눈이 소복이 쌓여서
설원의 궁전이 펼쳐 저도
내게는 온통 그림일 뿐
무모한 날들이 차츰 다가서리.

동백섬을 거닐며

한없이 밀려오는 푸른 파도
하얀 포말을 이루며 부서진다
동백나무 고목에 기대어
무상무념에 빠지는 순간이다

부질없이 흘러간 세월
탓하면 무엇하리
지나간 삶에 만족하는 이
결코 많지 않으리

종일토록 바라만 봐도
싫지 않은 동백나무 숲 속
바위에 철썩이는 파도 소리

잡다한 속 마음
말끔히 정화시켜 주니
예서 스르르 잠들지라도
가슴에 응어리졌던 시름은
원 없이 하얗게 부서지리.

가을이 속삭이네

어차피 가는 세월 애끓지 마라
야밤엔 풀벌레들 노래하니
잠 못 드는 내게 자장가 불러주네

새벽녘 밝아오면
아침 이슬 영롱한 풀숲에서
들국 갈꽃들이 반겨주고
한 낮엔 고추잠자리 떼 지어 노니
함께 즐기라 하네
드높은 파란 하늘을 우러러보며
세속적인 생각 날려 버리라 하네

저녁놀 분홍빛으로 물들면
낙엽 지는 소리조차 스산하니
이 가을도 급물살에 흘러가리.

가끔은 · 2

가끔은 그의 음성이 그립다
저음의 묵직한 노랫가락이
흘러간 팝송이 들려오면
그의 멋들어진 음색이
간절히 생각나게 한다

낙엽이 흩어지는 날엔
이브 몽땅이 부른 고엽을
바리톤 음성으로 열창하던
그의 모습이 어른거리네

연말에 첫눈이 가로수에 쌓이면
'화이트 크리스마스' 흥얼거리며
좌중을 휘어잡던 매혹적인 음성
가끔은 사무치게 애틋하다
눈을 슬며시 내리깔고 부르던
귓가에 맴도는 그의 굵은 베이스가
강바람에 은은히 스쳐가네.

아마도

그의 깊은 눈빛이
우정이었는지 모릅니다
내게 보낸 몇 줄의 글귀가
연민의 정이었는지 모릅니다

어쩌다 마주치면 퉁명스러운 말이
관심이 있다는 표현인지
그때는 몰랐습니다
내 생일에 문자를 보내왔습니다
축하한다고
고마움에 마음이 아려왔습니다

가끔은 내 시에
칭찬을 아끼지 않았습니다

그는 이 세상을 불현듯 떠났습니다
내게 보낸 사소한 일들이
그의 무거운 심연의 바닷속에서
작은 사랑의 순수함이었는지
모릅니다. 아마도…

연둣빛 사랑

산야에 물감을 풀어놓은 듯
연둣빛에 현혹돼
온정신 빼앗기니
온누리에 보드레한 잎새들
잔치 벌어졌네

눈여기며 능선길 오르니
어린순들 골바람에 한들한들
마냥 사랑하고픈 고혹적인 순간들
눈이 시리도록 탐색하리
야리야리한 잎새들에 홀리어
촉촉이 가슴에 녹아드니
새순과 한 몸이 되어 본들 어떠리.

화양연화 花樣年華

영겁의 세월 속에
올해도 저물어가네
쉬엄쉬엄 가려해도
급물살에 소용돌이치며
매몰차게 끌고 가네

가늠할 수 없는 세상
나 아직 영혼이 따스하니
안도감에 몸을 추스르고
엄동설한에도 마다하지 않고
詩想이 새록새록 떠오르니

누가 뭐라 하든
지금 이 순간은 남은 생에
가장 젊은 날 이러니
화양연화 아닐까?

이토록 찬연한 봄을

올겨울은 맹추위 탓인가
나만의 느낌일까
아니면 나이 탓일까
이토록 봄을 애타게
기다린 적이 있었나

봄기운이 드디어 완연한 날
한 순간도 놓치지 않으리
에움길 한 모퉁이에
앙증맞은 들꽃조차도
바위 틈새 여리한 제비꽃도
눈여기며 새롭게 음미하리

바야흐로 봄빛이 무르익는 날
온 산야에 연둣빛으로 일렁이면
그 물결에 이 한 몸 흠뻑 적셔도
시간을 멈추고 싶은 황홀함에
봄날이 가는 것도 애써 모른 체하리.

김민기 님을 추모하며

꾸밈이 없는 그의 음성
저음의 묵직한 서정적 음률은
갈빛에 물든 늦가을날
낙엽이 켜켜이 쌓여가는
호젓한 오솔길에 들려오면
더욱 가슴에 아려 오리

그의 '가을 편지'는
스산한 거리에서 애타는 마음
갈바람 맞으며 하소연하나
서러움을 삭이려는 듯
울먹이는 차분한 그의 음성
청정한 새벽녘에 이슬처럼
영롱하게 우리 곁에서
영원히 잊히지 않으리
하늘에선 찬란히 빛나는
별이 되어 부디 영면하소서.

오늘이 있기에

새벽녘에 창문을 열면
소슬바람이 가슴에 스며든다

강바람을 온새미로 보듬으니
초가을 건들마에
들꽃들이 춤추며 반긴다

은은한 향기에 홀리여
강변에 털썩 주저앉으니
강물 따라 영혼도 흘러가네
끝이 어딘지 알 수 없으나

지나간 세월은 까마득하고
무상무념에 빠진 지금
오늘은 최고의 선물이라네.

초겨울 청계산

능선길에 낙엽마저 바스라지고
헐벗은 나목들은 음산하나

이 길은 한없이 정겨웁다
20년 애락이 서려있는 길
사철 변하는 청계산에 매료되어
내 집 드나들듯 안락함을 만끽하니

갈빛 낙엽들이 켜켜이 쌓여
푹신한 그곳에 온몸을 맡기고 싶다

문득 스치는 생각은
나 죽어서 한줌의 재로 남을 때
셀 수 없이 거닐던 청계산 자락
어느 모퉁이에 묻힌들
여한이 없으리.

이 가을에는

더도 말고 덜도 말고
시시때때로
낙엽진 거리를
편안히 두 발로 걷게 하소서

낙엽 흩어진 길을 걸으며
내 주어진 삶에
감사함을 느끼게 하소서

바스러져 버리는
저 낙엽을 닮을지라도
두려워하거나
연연하지 않게 하소서

만추의 적막함도
담담하게 하소서.

또다시 가을이

잡다한 생각들은 버리고
그저 강변에서
들판에서 산길에서
점점 깊어지는 가을에

매 순간을 동행하며
흩어지는 낙엽에
사그라드는 속마음을
고스란히 털어놓고

갈바람 부는 대로
발길 가는 대로 떠돌면서
무상의 노래 맘껏 부르리.

연둣빛 잎새들이여
내 아리따운 사랑이여!

꽃보다 더 아름다운  6부

낙엽들의 속삭임

스산한 낙엽길을 걸어요
정다운 오솔길에서
완만한 능선길에서
오색으로 물든 찬연한
낙엽을 닮아가요

쌓여가는 낙엽들에게
우리 생에 희로애락을
진솔하게 고백하세요

낙엽들이 귓전에 속삭입니다
빈손으로 왔다가 빈손으로 가네
지금 이 순간 아름다움을
후회 없이 만끽하는 게
최고의 낙樂이라고…

달맞이꽃 · 3

낙엽들이 하염없이 지는
강변에 숲길은 갈빛에 스산하니
시름없이 터벅터벅 걷는다

시들어가는 숲 속에
때아닌 노란 달맞이꽃
상큼하게 눈에 들어오니
가던 길 멈추고 그 향기에
홀리어 떠날 줄 모르네

그냥 지나치면 모를
허접한 길가에 조촐히 피어난
자그마한 달맞이꽃
빛깔도 향기도 여전하나
입동에도 그리움에
여리게 떠는 달맞이꽃이여.

한강은 늘 곁에서

세상은 아수라장
국운은 어디로 가는지
속마음은 뒤숭숭해
안절부절 서성이니

발길은 어느새
한강으로 향했다
언제나 그곳은 고요하고
유유히 흐르는 잔물결은
무한한 평온함을 느꼈다

욕심 없이 흐르는 한강은
햇살을 받아 퍼지는 윤슬이
온몸을 감싸는 듯 평화로웠다

시어머님의 사랑

나만큼 시어머님 사랑을
듬뿍 받은 며느리 또 있을까?
언제든 가면 웃으며 반기셨지!

애야 밥은 먹은 거냐
늘 걱정하시며 애처롭게
바라보시던 어머님

힘든 일은 하지 말라 하시고
애가 아기를 낳았으니 하시며
뭐든지 잘 먹는 거 있으면
바리바리 싸주고 싶으셔서
친정 엄마보다 더 사랑해 주신
나의 시어머님

나는 무엇을 해드렸나
돌이켜보면 참으로 부끄러워
천상에서 어머님 뵈옵거든
큰절 올리며 눈물이 나겠지요
무한한 어머님의 사랑
내 어찌어찌 갚으리오.

사랑할 시간이 많지 않다

한강에 해넘이를 즐기는 것도
친구들과 우정을 나누는 것도
형제들과 알콩달콩 밥을 먹는 것도
자식들과 오손도손 여행길도
손녀의 재롱에 살맛 나는 것도

특별하게 속마음에 설렘을
가득히 안겨주는 사람도
수시로 클래식 선율에
마냥 심취하는 것도

이제는 참으로 사랑할 시간이
그리 많지 않기 때문이다.

묘비명 · 2

뒤돌아보니
삶이란
희로애락을 노래하다가
덧없이 스쳐가는
찰나의 순간이더라.

푸른문학 9주년을 축하하며

언제 9년이 흘렀던가
시인으로 등단하고 나서
계절이 바뀔 때마다
가슴 콩닥거리며
詩想이 떠오르곤 했지

지금은 음유시인처럼
전국을 유람하며
詩밭으로 詩동산을
누비는 게 낙이라네

지금까지 나를 키워준
푸른문학이여
푸른 숲에서 잠들고
이슬 내린 숲에서
아침을 맞이하네

푸른문학 숲에서
내 영혼이 잠들 때까지
함께 하리라.

죽도의 향기

울창한 대나무숲의 향기에
매료되어 마냥 거닐어도
힘든 줄도 모르네

서해 바다인가 하늘인가
구분할 수 없는 회색빛 바다
가랑비에 옷깃을 적셔도
추운 줄도 모르네
바람마저 잦아들어
나그네들 포근히 감싸주니

신비로움을 간직한 죽도여
천혜의 비경이어라
여름의 죽도는 어떤 향기일까
해넘이 놀빛을 상상하며
아쉬운 발길을 돌렸다.

언젠가는

걷지 못할 때가 온다
볼 수도 들을 수도 없는
무모한 날들이 찾아올까 봐

이 봄을 한없이 만끽하리
우후죽순처럼 비집고 나온 풀꽃들
버들강아지도 포실포실
산수유 생강나무꽃 향기
폴폴~ 코끝에 감미롭고

다투어 피어나는
봄꽃들 향연에 앞장서리
바야흐로 온산에 연둣빛 새순들
눈부시도록 찬연할 때
해종일 몸 둘 곳을 모르리

6부 꽃보다 더 아름다운

꽃비가 내리면

꽃샘바람에 꽃비 되어
벚꽃은 눈발처럼 흩날리네

환상적인 아름다움에
넋을 잃고 바라보나
왠지 서늘한 가슴은
벚꽃은 내년 봄을
기약하지만

우리 삶은 내년을
어찌 장담하리
그러나 이 순간은

벚꽃이여!!
맘껏 피고 흩어져라
오늘만큼은 꽃잎 속에 파묻혀
꽃비 흩날리는 바람 따라
훨훨 함께 떠나리.

일상의 행복

언제이든
듣고 싶은 음악을
마음껏 들을 수 있네

시시때때로
피아노에 몰입해서
짜릿한 희열감을 느끼네

노년에도 불구하고
녹턴과 함께할 수 있어서
애틋한 감성이 흘러넘치네

내가 다니는 곳곳마다
나를 환대하는 지인들이 많아
외로울 틈새가 없는 나날이여.

봄비

오늘은 네가 왜 그리 슬픔을 주니
이 나라 미래가 걱정은 되나
너를 보니 반갑기도 하구나

산불에 멍든 많은 사람들
달래주려고 주룩주룩 내리네

네 덕에 땅속에 묻혀있던
새 생명들 기지개를 켜니
세상 구경 실컷 하겠네

봄꽃들 향연이 절정을 이루게
네가 고운 손으로 보듬어 주렴.

세월

잔잔히 흐르는
개울물 같은 줄 알았더니

어느 순간은 폭포수같이
휘몰아치기도 하네

친구 하려고 하나
눈짓도 주지 않네
매정스러운 세월이여

연륜이라는 미명을 가진 괴물
누구나 가야 할 길
이왕이면 잠자듯
편히 영면에 들고 싶다.

꽃보다 더 아름다운

요맘때 잎새들은
봄바람에 한들한들
봄비 맞으며 야들야들

거리마다 들녘에
야산에서 눈을 뗄 수 없네
꽃보다 더 아름다운 새순들
햇살에 반질반질 자르르

연둣빛 잎새들이여
찬란하게 맘껏 펼쳐라
내 눈이 호강하니
다른 것은 눈에 안 보이네

지금부터 오월을 너와 함께
신물이 나도록 지내리
아마도 지긋지긋한 날은 없으리
연둣빛 잎새들이여
내 아리따운 사랑이여!

6부 꽃보다 더 아름다운

사랑은,

그를 믿어 주는 것

조용히 바라보며

그의 깊은 속을 읽는 것

푸른문학선 · 229

사랑한다는 것은

2025년 5월 21일 초판 인쇄
2025년 5월 25일 초판 발행

저 자 | 이 정 희
발행인 | 李 惠 順
편집인 | 이 은 별
주 간 | 임 재 구

발행처 | 푸른문학사
등 록 | 제 2015 - 000039
주 소 | 서울시 강북구 도봉로 313 효성인텔리안빌딩
전 화 | 02) 992 - 0333
팩 스 | 02) 992 - 0334

신 문 | 푸른문학신문(인터넷)www.kblpn.com
BAND | 푸른문학
이메일 | poet33@hanmail.net

cafe.daum.net/stargreenwood푸른문학사

ISBN 979 11 94629-03-0

값 15,000원

이 책은 저작권법에 의해 보호를 받는 저작물이므로 무단전재와 복제를 금합니다.